APRENDIZADO DO CORAÇÃO

Autora ⋆ Clara Rennó
Revisão ⋆ Valter Braga
Concepção do desenho de capa ⋆ Giancarlo Mariot
Projeto gráfico e diagramação ⋆ Caroline Gischewski
Editores ⋆ Alencar Perdigão
⋆ Cláudia Masini
⋆ Luciana Tanure
⋆ Thásia de Medeiros

Catalogação na Publicação (CIP)

R416
Rennó, Clara
Aprendizado do coração / Clara Rennó.
- Belo Horizonte : Quixote+Do Editoras Associadas, 2019.
92 p.

ISBN 978-85-66256-51-2

1. Parapsicologia. 2. Espiritismo. I. Título.

CDD 133

Bibliotecária responsável Fernanda Gomes de Souza CRB-6/2472

Quixote+Do Editoras Associadas
www.quixote-do.com.br
Rua Fernandes Tourinho, 274
Belo Horizonte, MG, Brasil
Tel: (31) 3227-30-77

APRENDIZADO DO CORAÇÃO

Clara Rennó

Quixote + Do
EDITORAS ASSOCIADAS

Aos meus pais,
Que por Amor me deram a Vida,
E meus irmãos, que compartilham dessa Vida comigo.

Agradecimento
Aos Grandes, Gordos, Baixos, Magros,
Negros e Altos Amigos.

PREFÁCIO

Desde o momento em que nascemos, desde o primeiro contato nosso com esse mundo da matéria, nosso ser se sente natural e espontaneamente desconectado da Energia Maior.

Inicia-se aí a busca quase sempre angustiante do REcontato. Do Reencontro. Vezes há em que este REaconchego no abraço da Força Maior nos parece impossível de alcançar.

Entanto assim não o é: o abraço do Bem não se altera à nossa volta, está sempre ali a nos proteger, mesmo que não o percebamos. O que então nos traz sensação de estarmos, volta e meia, desamparados e sem rumo?

São as razões do racional, aquelas informações apreendidas para que possamos saber como lidar com o campo material, exatamente as que, se utilizadas de forma incorreta, nos afastam do Caminho que viemos para traçar neste mundo, deixando a nossa marca pessoal e única.

Ao obedecermos a instruções colocadas de fora para dentro, indiferentemente, para todas as pessoas, nos distanciamos da voz interior que nos individualiza e faz a alma da personalidade de cada um.

Devem, pois, as razões da Razão – instrumentos que são, e não, fundamentos – estarem sempre a serviço das razões do Coração. Como diz o ditado, "o coração tem razões que a própria razão desconhece". Não é importante, pois, que a mente entenda o que vem do coração, mas sim que torne possível a Real realização dos desejos e necessidades essenciais.

O que precisamos, portanto, para alcançar o estado de bem-estar na vida e a paz interior que nos conecta à Certeza de que somos uma partícula pertencente ao Universo Maior, mesmo quando há uma tempestade e deslocamentos de eixo no entorno imediato, o que precisamos para não perder jamais o tônus do equilíbrio é manter tonificado e aceso o contato com o coração.

Manter aberto o canal que nos permite ouvir as vozes do coração é sem dúvida um constante aprendizado. O Aprendizado do Coração. A alguns mensageiros serão dados instrumentos que tocarão os seres humanos para ajudá-los a retomar o prumo do Caminho. Para receber essa ajuda enviada, basta apenas estar atento para reconhecer e disponível para usar o objeto que a contém.

Este livro, que se encontra agora em suas mãos, certamente é algo que poderá trazer um recado significativo para você.

Virgínia Cavalcanti, Frederic e os Mestres do Astral

* *Virgínia Cavalcanti* é autora dos *Aprendizados da Calma, da Força, da Alegria e do Real Poder* recebidos do seu mestre do astral, Frederic.

★

Como saber o que não sei?
E o que sei já me sai de cor.
Para não dizer de outra forma
Assim mais clara e absoluta...
A verdade às vezes dói, mas é preciso ser vista,
Para que se enxergue por inteiro.
Nada como a vida para nos ensinar,
Para quem está disposto a aprender
E fazer dela um caminho mais fácil para a própria felicidade.
Felicidade esta única e absoluta;
E leve como a brisa que sopra no mar.
E nos faz rir
E nos faz chorar
E nos faz sentir, pulsar.

★

Como viver sem ver,
Se é o olhar que nos mostra o que está na alma?
Se é através dele que nos mostramos para o mundo?
O que realmente importa? O que realmente somos?!
E nos lavamos interiormente através dele.
E nos colocamos inteiros para uma próxima vivência.
Vivência esta maior do que a que deixamos para trás.
Não feche os olhos, abra. O mais que possa, para ver tudo.
Tudo nos foi colocado para ser visto e, através dele,
sentido, vivido, extraído e que nos arremessa de uma
forma maior e mais inteira para próxima vivência.
Veja, viva, sinta, flua.

★

O que fazer agora,
aonde ir, aonde seguir,
Que caminho tomar?
Nada me foi dito.
Como saber?
Olhe. Use os olhos para chegar ao coração.
E vice-versa.
Olhe tudo e sinta tudo.
Seu coração transborda através de seus olhos.
Não adianta esconder. É tudo muito claro.
Claro como seu nome.
Não é à toa que você se chama assim.
Não se esconda, não tenha medo,
de nada adianta e também não é preciso.
Preciso é só aquilo que é perfeito, e nada é tão perfeito assim.
E nem precisa ser para ser feliz.
Afinal, feliz é estar ao encontro consigo mesmo e suas
verdades,
Você é humano e nada mais.
Seja mais você, cada vez mais, não se perca nunca,
e a FELICIDADE chegará breve,
mais breve do que pensas.
Não se afaste de mim também, estou sempre aqui.

★

Tudo que nasce cria, recria, se torna uno.
Uno com a vida, com a natureza.
Faz parte da natureza humana ser uno, ser único, inteiro.
Para dividir depois os frutos que serão lucros de dois seres unos, que se uniram por inteiro.
Inteiros ao ponto de transbordarem, se transbordando tanto, que se encontram através desse
excesso fluido de emoções.
Que sai de um e entra no outro sem darem conta de onde começam e onde terminam.
E a vida é isto: transformar, transbordar, fluir, emocionar.
Vale a pena tentar.

★

Que rumo tomar? Que curso seguir? Para onde vamos?
Como vamos e o que fazer?
Não compreendo bem.
O que não se compreende não é para ser compreendido.
Apenas ido.
Siga em frente, na frente o caminho se abre para você.
E você seguirá para onde é para seguir.
Não se perderá, EU garanto.
É como um rio: há curvas e desvios, mas fazem parte do curso,
E um rio não para nunca até chegar ao mar.
E esse encontro é LINDO, vale a pena esperar.
E você já está quase lá...
O encontro das águas,
Onde duas naturezas se unem, de diferentes gostos, e se
tornam um só.

★

Vai desenhando pelo ar movimentos fluidos e claros,
como deve ser a vida!
Fluida e clara, passando de um movimento para outro,
sem parar, sem interromper o fluxo.
Fluxo Divino, que deve ser aproveitado e não desperdiçado,
jogado fora como se não valesse a pena viver.
Viva tudo que é dado para que o movimento continue e a
vida não pare.
Parar é estagnar o curso, é parar o que não pode ser parado.
A não ser que seja o próximo momento, a Ação.
Ação é movimento, movimento é Vida.
Vida é o que queremos, é o que nos leva à Felicidade que
buscamos alcançar.
Alcance a si mesmo, e tudo chega ao seu devido lugar.
Lugar esse que nossos corações anseiam e onde podem
se aquietar.
Corações calados e quietos, cheios e saciados de tanto amar.
Amar a si e ao que está ao lado, do lado, por ser o "Outro"
que deve ser.
Um e outro nos tornamos Nós, plural da vida, pela vida.
Agradecemos por podermos estar aqui hoje, depois de
tanto tempo.
Conte conosco sempre.

★

Voltamos depois de um longo tempo para esclarecer algumas dúvidas.
Dúvidas essas que vocês temem em colocar como tais,
mas que já há muito foram aclaradas pela própria vida de vocês.
Sinto agora que vocês estão remando contra a maré,
gastando todas as forças para ir contra o destino,
que há muito já está traçado para vocês.
Para que dizer o que já foi dito várias vezes? Mas vocês estão surdos e não ouvem.
Vamos então falar mais claro e direto!
A rosa se partiu, a função entre vocês já foi feita, o destino foi lançado,
a direção foi indicada, é só seguir.
Seguir o coração, que ele sabe aonde ir.
Ir para onde o chamam e o esperam, para completar o ciclo.
Ciclo esse que será como o encontro das águas.
Cheio e eterno, repleto de emoções.
Emoções que vocês merecem viver por ser quem vocês são.
Estamos aqui para tudo que precisarem, mas não mais para essas dúvidas antigas!
Essas já foram bem faladas e clareadas.
Estou contigo sempre.

★

Como saber qual o próximo passo,
se o próximo é apenas o próximo?
Este passo é que vai te levar ao próximo,
ao próximo nos dois sentidos!
Tanto como pessoa, como o momento.
Aguarde, que tudo se ajeita, se acomoda e se aquieta.
Acalme seu coração, que tudo está correndo conforme o
previsto, o esperado.
Não se importe, apenas porte-se na sua vida, que pertence
a você, e só você pode portá-la.
O direito é seu, é você quem coordena, quem dirige,
como um cavaleiro em sua montaria.
Em uma cumplicidade e intimidade que só a ele pertence.
Seja seu próprio cavaleiro e faça da sua vida a sua montaria.
A proteção, deixe-a por nossa conta.
Até a próxima!

★

Cá estamos para passar uma mensagem de PAZ e TRANQUILIDADE,
para dizer que tudo está bem, que você pode se acalmar e se sentir bem, estou aqui.
Falemos um pouco de você.
Tudo está no caminho, continue firme, é assim o seu jeito de caminhar.
Confie que tudo está sereno e calmo, como você merece.
Minha filha, realmente este é um belo ano para você, não duvide,
as realizações e aspirações que você vem buscando, tanto e há tanto tempo,
estão para acontecer, mantenha a calma e continue com a sua força,
que a tão esperada Alegria está por vir.
Eu estou do seu lado para apoiá-la e indicar-lhe o caminho quando necessário for.
Estarei sempre com você, amortecendo os seus dias e acalentando suas noites, pode contar.
Você ainda não sabe como me chamar, mas continue chamando assim mesmo,

Que EU sei ouvi-la, ao menor chamado estarei ao seu lado para tudo que precisar.
Me chame mais, temos conversado pouco!
E você sabe que pelo papel é melhor e mais fácil.
Me sinto mais perto assim, mas nunca deixo de estar, mesmo assim.
Caminhe tranquila em doces pradarias, como você acabou de desenhar,
e descanse sempre no meu colo, este você terá sempre. É seu, pode acreditar.
Que Deus a abençoe, minha filha. Minha tão querida filha Clara.
É que o seu nome representa como você está hoje.
Agora é hora.

★

Venho, hoje, para confortar teu coração pra dizer que
estou contigo,
Bem perto de você, para abrandar a dor que está no seu peito.
Dor que você precisa passar, como um filtro,
para purificar e chegar mais CLARA aonde te esperam.
E te esperam, pode estar certa.
O seu caminho está sendo traçado de forma mais curva e
menos direta,
você já deve ter percebido, mas era necessário
para você chegar mais pura e mais completa
no lugar que te pertence, e será como você espera e anseia,
pode estar certa!
EU estou te ajudando no leme, quando a curva é maior do
que o esperado, como tem sido nos últimos anos.
Mas falta pouco agora, tenha paciência, que tudo que é seu
ao seu encontro virá, como o tão falado encontro das águas.
Não tem como desviar o rio até o ponto de impedi-lo de
chegar ao mar,
é para lá que ele sempre vai, é lá o seu Destino. E você é
como um rio, por mais curvas que existam, nada vai impedir
você de chegar ao seu destino e realizar o seu coração.

Coração às vezes tão frágil e tão doce e tão cheio de dor,
mas que também sabe ser forte e esperar o momento
em que o prêmio virá brindá-lo com tanta Alegria e por
tempo infinito.
Vale a pena esperar.
Te abraço e te abençoo.

Erica

★

Eu me vejo lá bem no alto, sozinha, parece que comigo,
Revelando a mim mesma no mais profundo das entranhas,
meu Coração.
Estou me dando um pouco do meu Amor, me
revitalizando,
para seguir em frente minha caminhada nesta área em que
tudo é mais difícil.
Digo mais difícil, porque tem sido e não porque será.
Minha filha, assim será daqui um tempo e por um tempo,
que não posso dizer quanto, mesmo porque o tempo para
mim não existe e para você conta muito.
Sei que está cansada nessa área, até meio desistente, mas
sei também que a esperança ainda continua qual chama
acesa em seu coração,
e é bom que seja assim, pois essa chama vai crescer e virar fogo,
o fogo quente da Paixão e do futuro Amor
que te espera depois deste isolamento,
e mergulho profundo no mais fundo do teu ser.
E você verá com seus próprios olhos o SER bonito que é você,
e quão feliz você merece ser.
Merece muito, e sei que para você a realização completa
só estará depois do Amor, depois da relação afetiva cheia

de Amor, Admiração, Respeito e Confiança, e também compreensão e conhecimento, e por isso tudo, por te conhecer tanto e tudo, estar com Você do teu lado, te dando o tão esperado colo, em que a troca é importância primeira e maior.
Deus há de te premiar e brindar com esse tão esperado amor.
Pode ter certeza, você vai conhecer o verdadeiro Amor,
Tudo tem sido preparado, como um campo.
Arado, adubado e lançando sementes ao ar,
para no chão cair e brotar fortes e seguras.
Assim tem sido com você. Você é nosso campo, e as sementes já foram lançadas, é só brotar e esperar. A espera é a esperança que nasce do teu coração,
que já está brotando, e florescerá com certeza.
Aguarde e verá. Tenha calma, é o que você precisa aprender,
A força, você a tem, foi o que te fez caminhar na vida, a sua força-luz.
A calma, você a tem treinado bem e já está fazendo o efeito necessário e importante na sua vida como um todo.
Todo faz parte de Um, e Um é você.
E o um que está para vir formará com você o "todo". Para todo sempre. Amém.
Estou com você sempre. Te amo muito, pode crer. Pode assinar.

Erica

P.S.: assine no texto anterior.

★

O que dizer quando nada se tem para dizer, apenas sentir?
É um momento para sentir, sentir tudo.
Sinta tudo e expresse tudo que seu coração está sentindo
como você nunca fez antes.
É difícil sentir e esconder,
esconder atrás do "tudo bem" sempre.
Chegou a hora de botar as cartas na mesa,
de colocar para fora tudo que está represado há tanto tempo,
de abrir as comportas de seu coração e deixar a água cair,
sem controle, sem tentar segurar,
não há nada que segure a água quando ela quer continuar
a seguir seu curso.
Deixe-a ir para onde quiser,
deixe-a te levar aonde tiver que ser,
ela sabe melhor que tudo aonde ir.
Ela está indo agora em lugares profundos,
para dentro de ti, não tente impedir, nem fingir,
o que é apenas é. Não tente mudar isso,
apenas aproveite para se conhecer mais e mais.

Não segure as lágrimas, deixe-as escorrerem pelo seu rosto
e lavar sua alma e amolecer seu coração
e colocá-lo no batimento normal de novo.
Você não é tão covarde assim quanto você pensa,
são apenas momentos a serem vividos,
e se foram assim vividos, é por que era assim que tinha
que ser.
Conte contigo, se dê colo, se ame e se coloque "pronta".
Tudo está por vir. Aguarde e usufrua. É seu.

Te amo.

Erica.

Estou aqui.

★

Contracene com pessoas que não podem te entender e não
sabem que a Vida é para poucos que têm a Arte de vivê-la.
Viva a sua vida apenas, viva da maneira que Você sabe,
continue sentindo a Vida nas suas veias,
no seu corpo, no seu coração.
Tem alguns que não compreendem e por isso atacam, para
tentar sobreviver através do apagar do que não possuem.
Você possui, e é isto que importa, não se deixe abalar.
Este ano será abençoado por todos Nós, para vocês que
sabem que a Vida está aí.
Curtam e sejam Vocês como sempre foram, e
juntos, Todos Nós de mãos dadas,
começamos agora um novo e melhor ano de nossas vidas.
Realmente "apenas o Melhor",
por isso o melhor ano,
o que não quer dizer que será o único,
mas sim o primeiro de um "Novo Começo".
A Vida começou agora para ser curtida por vocês,
Conosco ao lado formando uma só corrente.
Keep going, enjoy/join-us, e quem quiser que nos acompanhe.
Deus abençoe a todos nesta nova fase.
Com todo amor.

Erica e outros

★

Dois olhos me guiam e me mostram o que minha alma quer,
aonde eu devo ir. São como olhos de gato,
que a tudo estão atentos e tudo sabem,
e de uma beleza, por estar refletido neles a alma.
A minha Alma é vista com clareza para os que podem ver
além deles,
através deles: meus olhos.
E através de outro par de olhos é que reconhecerei
e reconhecerá o outro que vai chegar
e te receber e trocar tudo e de tudo, em termos de alma.
Alma é a base deste encontro e
é onde é feito este "encontro" glorioso, majestoso e Divino,
que está por vir.
Você saberá recebê-lo, outros já passaram por você,
mas não ficaram e cada vez maiores foram,
para te preparar para este tão esperado e procurado par de olhos
que te trará o encontro máximo total e profundo.
Mar e rio se perdendo e se misturando um ao outro,
um no outro, das profundezas à superfície.
De forma tão ampla e abrangedora, que se tornará uno,
e por este uno o universo trabalhará e sorrirá para recebê-lo
e tê-lo como parte do todo.

Está é a bênção que cairá sobre ti
e o dono do "outro" par de olhos,
que como um feitiço se perderão em si mesmos.
E a taça será levantada em um brinde real e verdadeiro,
para comemorar este Valoroso Encontro.
Por isso curta a chegada deste ano,
porque ele vai ficar na história, na sua história, que é
importante.
Aproveite. Nós todos comemoraremos juntos esta
"Maravilha" das maravilhas.
O tão esperado está para chegar. Aguarde e relaxe.
O momento está formado, já no seu espaço em um nível
mais elevado, mas que já se aproxima.
Eu aguardo feliz por isso Tudo.
Que Deus esteja com você sempre e em você sempre.
Sua amiga, protetora e grande companheira desta jornada.
Meu amor é teu.

Erica

P.S.: obrigada por este momento.

★

O ano já começou, e muito bem,
como você pode notar – perceber é melhor.
O rio está correndo mais solto, mais fluido,
e o mar já está percebendo sua chegada, a do rio, que é você.
Seu coração e sua alma já sabem disso e já estão abertos,
as farpas já foram retiradas e já não doem mais.
A sua inicial independência foi um começo,
e através daí, desse começo, vai surgir o desejo maior, a realização maior.
Eu aguardo ansiosa, nós aqui também conhecemos esta palavra – sentimento –, só que de forma mais calma, não despirocada como vocês.
Você tem razão de lembrar-se de pessoas passadas,
por terem sido importantes para você, mas deixe que passem,
solte os pensamentos, e, como você percebeu, eles se vão.
Tudo tem seu momento de vir e de ir, e o que vem agora
é muito, mas muito mais importante, é o Tudo que prometemos e que nunca deixamos de cumprir, a não ser quando vocês não querem mais.
Outra parte é um bonito nome para classificar o que está para chegar.

Espere e sinta o encontro, Glorioso encontro, Esperado encontro. Encontro final. Prepare-se, é só aguardar, não se coloque aflita, continue como você está agora e pronto. Pronta para viver o que está para chegar, isso é "estar pronto", nada mais. Quando chega é porque estamos "prontos". Tudo nos chega ao momento exato.
Se achamos que não estamos "prontos",
desperdiçamos e nos arrependemos mais tarde,
realmente tarde, nada mais se pode fazer,
e o tudo vira nada, se perde no espaço do encontro.
Encontro significa: você se ver em outro e a partir daí estar com o outro.
Tão simples, não?

Fique com Deus e descanse em paz.

Erica.

P.S.: bom trabalho, parabéns!

★

Olhos. São sempre através deles que se vê a "Vida",
é a sua maneira de Ser, de Viver, de Sentir.
Agora tudo está "clareando",
como seus olhos e como seu nome.
Agora você entende seu nome e o significado dele: "Clara".
Não é a toa que você tem esse nome, é justamente por
você ser quem Você é.
Clara visão do mundo através da Alma.
É como um cego que pode Ver. Ver o mundo e, através
dele, não só ele: "o Mundo".
É como uma criança aprendendo a caminhar,
tateando para não cair, até tomar consciência da delicadeza
de alma que possui.
Você será sempre como um Cego, só que agora com
consciência da "Grandeza" do que possui.
É sua, ninguém pode te privar ou tirar isto: tua "Alma".
É bonito e grande o que você está sentindo, você merece.
É um momento grandioso.

Deixe escorrerem as lágrimas para lavar a Alma
de vivências que ficaram perdidas no Tempo
e que só agora estão podendo escoar.
Se coloque em dia com a Limpeza Interna.
Para que o fluxo possa seguir em frente e derramar como
uma fonte toda a emoção que estava guardada há tanto
tempo, presa no peito sem ter onde jorrar.
Agora você sabe que pode contar.
Conte sempre com Meu colo, mesmo que ele às vezes
possa parecer que não existe.

Erica

★

"Quando se conhece o que deve ser conhecido e se coloca de forma clara perante tudo, o Tudo acontece."

Erica

★

Quando o agora está para acontecer e tudo está por vir, não há como esperar o esperado e, sim, esperar o acontecido.
Como uma onda que se repete e nunca é a mesma e sempre "única e diferente".
Mas que se mistura com todas que já vieram e outras que ainda virão.
Mergulhe nelas. E saiba que sua onda sempre será a que se parece com você, "nunca você", e, sim, outra. Outra onda e outro ser, que por mais parecidos, são sempre "únicos e sós", mas que se completam fazendo o movimento do Mar.

Erica

★

Quando se está aqui para falar de tudo que é vivido e sentido por todos, fica mais fácil expressar o Amor.
Amor este que se sente em todos os presentes, inclusive em você, minha filha. Seu coração está repleto, eu sei, e está pedindo por outro coração tão repleto quanto o seu.
Você terá com certeza este Encontro de Amor (e Alma), tão aguardado, esperado por Todos Nós.
Pode confiar e se entregar, que tudo vai acontecer como deve ser.
Não tenha dúvida nunca, dúvida só serve para atrasar o tempo, que para você já tem sido tão demorado.
Eu amo a todos vocês, fiquem em Paz, que Deus os abençoe.

Erica

P.S.: deixe que seu coração te guie,
ele sabe aonde deve seguir.

★

Quando se coloca na vida como a vida quer, e não como se quer realmente,
a vida Nos leva por caminhos que às vezes são difíceis de serem percorridos e até mesmo doloridos, quem sabe.
Mas por quais se precisa passar para saber o que se está fazendo aí.
Mas, à medida que se coloca a Vida em suas próprias mãos,
aí sim, os caminhos são doces e até mesmo gratificantes,
são como pastagens verdes e macias de Claro azul no céu,
onde o encontro com tudo é seu, e o prazer de tudo é Seu,
porque teve (e tem) a Coragem de colocar a Vida em suas mãos.
Por isso esteja certa de que nada acontece por acaso
para aqueles que assumem a vida como se realmente e certamente ela fosse (e é) sua.
Isso é viver o que chamamos de "Vida e Morte" em um só tempo e deixar que a Morte de tudo que não é nosso fique para trás e se perca no tempo e possa com certeza seguir em frente
para a Verdadeira Vida que nos pertence.

Verdadeiro tudo, em que Tudo encontra o Todo e se faz em Muitos e Melhores Tempos.
Não se perca por bobagens, a Vida agora te pertence e está apenas começando.
Que seja sempre assim (e será, com certeza), eu garanto.

Erica

★

Tudo acontece na vida da gente para mostrar o caminho
a seguir.
Portas novas estão se abrindo à sua frente,
e outras portas fechando passado em todas as áreas.
Tudo aconteceu para te preparar para o que vem agora.
Vida Nova, limpa e clara, como você merece e tem lutado
por isso.
Siga em frente, não pare agora, a Vida está começando para você,
está toda à sua frente, mergulhe nela e usufrua tudo que
ela tem para te dar.
Receba a Vida. Ame a Vida. Viva a Vida.

Que Deus te abençoe.

Erica

★

Quando tudo está por começar, nem eu mesma sei por onde.
Você acaba de chegar e já quer tudo resolvido.
Vamos com calma, que tudo se ajeita como deve ser.
Da melhor forma.
Não tenha pressa de arrumar as coisas,
que elas vão se encaixando de forma natural.

★

Calma. Nada acontece de imediato, e exatamente na hora que a gente quer.
Vocês aí têm uma pressa danada para ver tudo pronto.
E não sei por que gostam tanto desta palavra "pronto", como se tudo pudesse ficar pronto um dia.
Tudo muda, não se esqueçam do movimento da vida.
O pronto de hoje vai estar totalmente esquecido amanhã.
Tudo vai acontecer na hora certa e como deve ser.
Relaxe, a vida não dá pra ser tão tensa.
Você pensa demais, se pergunta demais, quer saber demais.
Tem que aprender a escutar mais o seu coração, dar tempo para ele.
A confusão vai passar, pode ter certeza, apenas tenha calma.
Quanto mais afobada, mais confusa você fica, e de nada adianta, a vida não vai te esperar lá fora, enquanto você esquenta a cabeça com bobagens.
Nós estamos aqui com você, tenha certeza disso, estamos segurando a tua mão e não vamos soltar, chame sempre que precisar.
Você precisa aprender a pedir ajuda e a se dar mais colo, se tratar melhor, se gostar mais. Aí tudo se ajeita, você vai ver.
Conte comigo, estou aqui.

Erica

★

Quando algo acontece, não é por acaso,
é por que tinha que acontecer e, sempre,
nos mostrará algo importante.
Tantas coisas acontecendo com você, e tudo por um único motivo.
Te inteirar, ou melhor, te deixar inteira,
para o que vier no futuro, acontecer na sua vida.
As coisas andam acontecendo com rapidez,
apesar de não parecer para vocês dessa forma.
Vocês são muito impacientes, não sabem esperar.
Mas agora o que dizíamos está próximo,
está quase acontecendo na vida de vocês.
É como se a volta estivesse quase completa,
para daí sair em linha reta, direto para frente,
tenham calma. Continuem atendendo ao seu coração,
ele é que vai te levar ao ponto final e inicial do seu novo caminho.
Tudo vai chegar ao seu tempo, quem viver verá. Vocês, com certeza.
Fiquem com Deus. E que ele as abençoe!

Erica

★

Como começar, quando o começo já é lá atrás?
Já vem de tanto tempo e tanta dor, que agora é só o "final",
para resgatar tudo que ficou perdido no tempo.
Não se prenda por "pequenas" coisas que já não valem mais,
a vida de agora em diante vai compensar tudo,
e o que foi esquecido não deve ser lembrado mais.
Apenas viva este resto de dor que lhe falta,
para poder seguir em frente e em Paz, como você merece.
Não se prenda nas curvas do caminho, pois já não valem mais,
agora é daqui para frente, "cabeça erguida" e "peito lavado",
e com posse de tudo que lhe cabe viver por direito.
Vá em frente, a Vida é Sua, não se arrependa.
E não olhe para trás. Estamos todos juntos e com você.

Ame você. A Vida e seus filhos e Nós amamos você.

Que Deus te abençoe e te ilumine sempre.

Nós todos.

★

Agora tudo é Novo e lindo. Não se assustem, é assim que tem que ser, afinal vocês têm sido preparados para isso há quanto tempo?
Mais tempo para vocês do que Nós aqui, pois aqui, como vocês estão carecas de saber, o tempo não existe.
Mantenham a calma, agora que vocês já aprenderam a lidar com ela.
A força vocês já tinham de nascença, senão NADA teria acontecido.
E a ALEGRIA está começando. Curtam este momento Único e Novo,
que de agora em diante será "sempre" assim. O melhor mesmo, como vocês merecem e lutaram com êxito para conseguir.
O caminho é de vocês, Aberto, Claro, Limpo e cheio de Amor.
Como nós prometemos (e sempre cumprimos, apesar de várias vezes vocês duvidarem), NÓS NUNCA DUVIDAMOS DE VOCÊS.
Continuem contando conosco, estaremos sempre aqui, apesar do aqui nunca ser visto de forma Clara por Vocês.
Amamos vocês muito. Fiquem com Deus (a forma familiar).
Até breve.

Erica e todos

★

Cá estamos Nós, com maior frequência agora,
coisa que já era esperada e aguardada por Todos.
Viemos acalentar "Corações Partidos", ou melhor,
supostamente partidos, o que pode até não parecer aí para vocês, mas que já estão mais do que inteiros,
apenas viciados com o passado de DOR e sofrimento e que por costume teimam em doer.
Não se pré-ocupem com isso, já está na hora de passar (passado)
e deixar que tudo Novo entre e reformule o que ficou e que não pertence mais ao presente.
De agora em diante, tudo vai ser diferente (um pequeno plágio, nos desculpem).
Mas é exatamente isso que vai e já está acontecendo com vocês.
Larguem para trás TUDO que JÁ passou
e Vivam Tudo que já Começou de Novo para Vocês.

A vida é sua, vivam da melhor maneira que vocês possam,
e como vocês podem vivê-la da Melhor Maneira.
Isto Nós Sabemos.
Nós estamos vendo. Podem ter certeza.
A vida é de Vocês e está apenas começando. Curtam.

Estamos Muito Felizes e Juntos. Fiquem em Paz e que
Deus as abençoe.

Erica e outros

★

Vamos lá, Felizes com todos esses encontros, constantes encontros, que só vêm trazer coisas Ótimas de agora em diante. Grandes Pessoas "presentes" em sua Vida Agora. Que podem lhe ver assim desta Forma, Melhor Forma e Bem acompanhada sempre, de Pessoas (Pessoas, Gente como a Gente), e Clara como você.
O motivo hoje é só comemorar Grandes Encontros de Alma, em todos os sentidos de encontros, mas todos profundos e intensos, como deve ser.
Apenas sendo por "ser" e porque tudo o que é não tem que nada na Vida, não tem direito a nada na Vida, apenas passa pela Vida e não Vive a Vida.
Vocês, sim, são pessoas por quem a Vida não vai passar e, sim, vai estar sempre com Vocês, porque vocês se colocam como Parte Dela (a Vida), vocês merecem tudo da vida, principalmente a Felicidade (diga a sua amiga que "ela" é esse tipo de Gente, que a vida não vai passar despercebida por ela NUNCA, não vamos deixar, ela merece tudo que tem, por Direito de ter optado pelo melhor que um Ser Humano possa Ser, Grande Figura, Grande Mulher).
Fiquem todas com Deus (só tem pintado Mulher no pedaço).

Vocês fazem bem em resgatar a cumplicidade Feminina, que Vocês todas merecem. Não só, claro, a cumplicidade com a outra, mas principalmente com vocês mesmas.
Estamos realmente satisfeitos/as.
Fiquem como vocês merecem, Em Paz.
Agradecemos por esses momentos tão agradáveis e plenos.
Contem SEMPRE conosco. Estamos aqui.

Erica e outras

★

Como atuar, quando a atuação está se tornando cada vez mais difícil e complicada para vocês?
Atentem-se a "Vocês" mesmos, cuidem-se e se tratem como "Vocês" Realmente merecem.
NÃO tem como compensar o "outro" (que são vários), por questões que não foram resolvidas ainda por ele (outro).
Se coloquem, se falem e se exponham uns com os outros, para que a carga saia das costas dos mesmos.
Clareiem suas posições e se coloquem de forma clara, para que tudo chegue de volta aos "eixos", ou melhor, ao lugar onde realmente o movimento será completo e redondo como tudo deve ser. Inclusive e exclusive em torno de Vocês ("Dois" apenas).
Vocês são Humanos e não Sobre-Humanos para aguentarem tanta "carga".
Deixem a carga para quem nasceu com a função de carregá-la, e com certeza não cabe a vocês, que são Humanos, fazê-lo.
Fiquem atentos a Vocês, Vocês são muito importantes para Nós (aqui de cima, claro!). E com certeza para Todos (aí debaixo).

Porque neste "Belo" trabalho precisam realmente de vocês, como vocês realmente são: "Belos".
Estamos Todos aqui, torcendo e ajudando Todos aí.
Contem conosco sempre. Confiem e descansem em Paz (como Vocês merecem).

Erica e todos nós

P.S.: tranquilizem-se (Vocês),
que Tudo vai dar realmente certo.

★

Viemos hoje para resgatar a sua Alegria de Viver.
Vocês agora apreenderam realmente Todos os Aprendizados da Vida,
para curtirem de agora para sempre a SUA VIDA,
em Paz e Amor, como vocês realmente merecem.
Quando cumprimos algo realmente vivenciado pelo SER HUMANO, o resultado só pode Nos causar grande Alegria.
Exatamente a mesma que Vocês estão sentindo aí. Agora, e neste exato momento.
Não se assustem com Tudo que está acontecendo, como vocês mesmos dizem, "É ABSOLUTAMENTE NORMAL", Vocês agora estão vivendo um sentimento de PLENITUDE TAL,
que chega a assustar em nível HUMANO, porque justamente esqueceram de colocar a palavra "SER" antes do "HUMANO" por muito tempo na sua vida, os Humanos se consideraram apenas Humanos.
Por essa forma se trataram tão MAL, e se achavam tão "MAUS". Por esquecerem durante muito tempo esta Pequena, mas Grande Palavra, que é "SER", que é justamente por onde Nós entramos no ESPAÇO de Vocês, e Vocês no Nosso ESPAÇO de SER.

Não tenham "medo" disso, por isso o aprendizado da "Alegria" veio primeiro.
Pra resgatar o "SER POR INTEIRO". Vivenciem SUA VIDA POR INTEIRO, agora que ela realmente está começando.
É prazeroso sentir Vocês desse jeito. Realmente sem CULPA de "SER" FELIZ.
Vocês agora perceberam o porquê desses dois sentimentos estarem tão presentes em suas vidas. Para vivenciá-los, realmente, e "PODER" viver o "AMOR" conscientemente.

Obrigada por Esse PRAZEROSO ENCONTRO. Fiquem em Paz e sintam-se Abençoados.

Erica e outros

★

Agora TUDO está CLARO como água, da mais pura e cristalina essência,
NÃO tem como negar "isso", a não ser que você queira realmente optar pelo NÃO SER FELIZ.
A "Vida" está aí, toda para vocês, que confiaram, em termos de Alma, que Algo MAIOR do que o "Apenas HUMANO" existia.
E por isso estamos aqui inteiros para Vocês, que tiveram o PRAZER de optar pelo crescimento através do AMOR, a mais nova FORMA do SER HUMANO caminhar na Vida,
que durante tanto tempo esteve perdida no Tempo e guardada no mais ALTO NÍVEL de consciência, para que apenas poucos resgatassem esse verdadeiro PRAZER de SER FELIZ.
Se poste na vida como Você merece, cabeça Erguida, peito Aberto e coração Lavado, que Tudo agora em termos de Amor está realmente para Acontecer.
Descanse em PAZ, com toda "Alegria e Amor", que "vocês", que tiveram a CAPACIDADE de ESPERAR, estão agora Realmente prontos para resgatar o "CAMINHAR A DOIS", que vocês realmente merecem.
Inteiros, Lado a Lado, como complementares e Seres Humanos que SÃO (valeu a pena confiar, hem?!).

Quando o pedido é feito Realmente da alma e da mais pura Alma, TUDO, mas realmente TUDO ACONTECE. O UNIVERSO TRABALHA A "seu" FAVOR.
Saiba receber esta Grandeza de Alma, que são Vocês, que por ato de amor souberam CRIAR realmente SERES HUMANOS.
Isso é SER um PAI e uma MÃE, em termos de Alma, e das mais cristalinas possíveis, por isso muitos Humanos não souberam compreender e aceitar que realmente TEM PESSOAS ESPECIAIS, aqui e aí JUNTOS, para mostrar, em termos de AFETO e CARINHO, o que uma REAL FAMÍLIA representa Realmente como SERES HUMANOS.
Agradecemos a todos por essa "MARAVILHOSA PARTICIPAÇÃO" que pudemos partilhar com seres tão "BELOS" em termos de "ESSÊNCIA".
Por isso não duvidem deste Belo CANAL que se CHAMA CLARA, que teve a GRANDEZA de experenciar TUDO pelo simples PRAZER de AMAR.

Erica e Todos

★

Pare de ficar parada no Tempo como Você fez a sua Vida Toda. De agora em diante, Tudo vai ser diferente.
Não tem que ficar ligada a pessoas que "passaram".
Se tiverem que voltar, é preciso que você deixe realmente que elas se vão.
Para quando chegar, se tiverem que chegar, você esteja inteira para recebê-las.
E não se esqueça da metade da laranja. Metade é pouco para quem pode chupar Toda a laranja.
Deixe o Passado se tornar Passado, para que o Presente se concretize, e aí, Sim, Você possa viver em Paz a sua Vida INTEIRA, como você realmente merece. Chega!

Erica e todos

★

Como já foi dito antes, Tudo já está no "seu" devido lugar,
"agora" é só esperar, que Tudo, mas tudo mesmo, vai
realmente acontecer.
Vocês estão se mostrando cada vez mais próximos
de um resgate TOTAL de "Alma e Corpo" e "Mente e
Coração",
para "poder" realmente "Ser" feliz,
como já está sendo preparado há tanto "Tempo"
(o tanto é mais aí para Vocês do que aqui para Nós).
Mas, como vocês bem sabem, quem se apressa come cru, e
não é o caso de Vocês.
Que apesar de tantas vezes termos que ter segurado,
achando que a hora já era "agora", mas ainda não era.
Agora, sim, tudo pode acontecer, porque Vocês realmente
apreenderam o Poder do Amor.
De que como com ele (o Poder) Vocês agora conseguem
o que quiserem da Vida, em termos de Afeto, Leveza e
Gentileza de "coisas" que já não são como antigamente.

A inversão "dessas" duas palavras faz com que a Vida se torne um caos, mas, quando elas são colocadas no devido lugar, a calmaria é certa e o Verdadeiro Amor é Calmo e cristalino como a mais pura água, e a mais pura essência. De onde o Sentimento vem cheio da Essência, e a Essência vem cheia de Sentimento, e é justamente neste contato que Nos colocamos todos juntos e prontos para Viver Realmente o Amor.
Maduro, consciente e ciente da Grandeza desse "Real" sentimento que se chama "Amor".

Erica

P.S.: "agora" sim, está realmente "Pronto".

★

Como dizíamos antes, tudo está começando, agora, sim, no seu devido lugar.

Não tem como negar que é fácil viver a vida dessa Forma.

É claro que não quer dizer que Todos estão a par dessa nova vivência, mas também os que estão do lado estão prontos para receber essa nova vivência através do AMOR.

Não pense você que, por você estar só neste momento, quer dizer que te abandonamos, ou que você está abandonada.

É porque, para se completar, a vivência precisa do momento de solidão, que para você já é tão comum, e vem, portanto, menos doído, mas também tem sido muito aproveitado na sua "vivência pessoal", para você aprimorar a Grande Pessoa que você realmente é.

Não se desespere nesse momento, porque eles (momentos) têm que existir, para que você possa seguir adiante, cada vez mais forte e inteira.

O que te espera no futuro é muito prazeroso, "pode" ter certeza.

"Nós" garantimos e continuamos dizendo: vai SER o melhor, em Todos os sentidos.

Sua Vida está apenas começando, e, pode ter certeza, da Melhor Forma Possível, porque você teve o Dom de Confiar em "ALGO" que muitas vezes parecia por demais abstrato para você.

Suas REALIZAÇÕES, "pode ter certeza" (esta frase está bem presente hoje), vão acontecer como você espera, e como Nós também temos esperado.

Não queira precipitar o tempo, porque ele não permite SER precipitado.

Aguarde e Espere, que Tudo vai dar certo. Caminhe em Paz, fique com Deus.

Erica e outros

P.S.: e continue confiando.

★

Como começar hoje, quando o que se está precisando é apenas de APOIO. Suporte para que vocês possam seguir em frente esta caminhada, que está começando de forma tão Clara e bonita.

Não tem como apressar o barco, ou mudar o rumo dele, quando o percurso já está traçado há muito Tempo.

Não se afobem, para que vocês não se afoguem mais à frente.

Vocês têm uma mania de querer chegar além, quando ainda estão aqui. E tudo tem sua hora e seu tempo para acontecer.

Não queiram precipitar as coisas, ou melhor, a vida de vocês, se torturando com "partidas" que são apenas começos e não fins.

Tudo está no seu devido lugar e, como não poderia deixar de SER, NO MELHOR LUGAR.

Tenham CALMA, como sempre tem sido dito.

A vida está começando, e não terminem com ela antes do tempo.

Vocês estão apenas estranhando os fatos, como se já não soubessem tudo o que está por acontecer.

Estamos Aqui com Vocês, Todos torcendo e fazendo TODA A NOSSA PARTE. Façam a de Vocês. Não Nos decepcionem agora, logo agora que Tudo está Pronto para SER VIVIDO da MELHOR FORMA, a NOSSA FORMA, Nós aqui e Vocês aí, juntos e para sempre. Estamos Todos juntos.

Fiquem com Deus e em paz.

Erica e outros

★

Quando Tudo está por vir, é assim mesmo.
As mudanças sempre Nos trazem momentos de transformações internas, que às vezes parecem não estar se encaixando com as vivências externas.
Mas é assim mesmo, não se pré-ocupe. Estamos Todos atentos a Você. Tudo continua no Caminho Correto, por mais que não pareça para Você. As decepções fazem parte do Aprendizado da Vida, para que possamos ficar mais fortalecidos por dentro.
Pode confiar, ou melhor, continuar confiando.
Às vezes o caminho parece não mostrar aonde ir, mas o curso é esse mesmo.
Siga em frente e com certeza vai haver momentos de paradas e mudanças de percurso, por justamente ter acabado um ciclo e estar começando outro.
Você está justamente nesse ponto. Pare, Pense, Sinta-Se, para não ultrapassar limites que não valem a pena serem ultrapassados.
Se tiver que deixar para trás vivências e situações que já serviram como experiência para o seu aprendizado, não se apegue, deixe que se vão.

Isso significa apenas que o momento está fechado e encerrado e, com certeza, outro está apenas começando. Esses pontos de transição são difíceis e doídos muitas vezes, mas passam rápido, pode ter certeza (não ache ruim pelo nosso Tempo, ou melhor, falta de Tempo), este rápido, é rápido mesmo.
Você já deve ter percebido que os momentos,
a partir do tempo em que se apreende e se caminha,
vão ficando mais velozes e mais fáceis de serem vividos.
Não queira ultrapassar o Seu tempo, ele está até rápido demais em relação aos demais.
Seja paciente, realmente Você está sendo preparada para algo Maior.
Mas pode estar certa de que Tudo vai estar no Seu devido lugar.
Você estará absolutamente inteira, como Você mesma diz.
Nós não esquecemos nunca do que é pedido e também do que prometemos.
Não queira atropelar o Tempo, porque Ele não se atropela.

Fique em paz, e com Deus.

Erica

P.S.: escreva mais vezes.

★

Estamos aqui reunidos, Todos, para dizer que continuamos
A postos para ajudar a clarear DÚVIDAS que andam
pairando pelo ar, deixando Vocês um pouco assustados
com Tudo que está acontecendo no momento.
Momento de mudanças apenas: as coisas estão se ajeitando
internamente, para poderem ser expressas externamente,
da Melhor Forma possível.
O Amor está sendo semeado e apreendido por Vocês, para
que possam saber realmente recebê-lo e não correrem
o risco de desperdiçá-lo novamente. Não estamos nos
referindo a todos, é claro. Mas a alguns, que também
fazem parte deste aprendizado tão importante,
que rege todo o significado da VIDA.
Tenham paciência, porque nós sabemos que o dia a
dia, o concreto faz parte da vida de Vocês, mas a espera
e a demora são para que realmente não haja risco do
desperdício, de deixar que a Vida passe e escape pelos
dedos da mão, como água que não se dá conta de beber.
Vocês não nasceram para que isso aconteça com Vocês.
Vocês são muitos especiais para Nós, e também
muito importantes para Nos ajudarem a resgatar esse

fundamental sentimento na humanidade, que parece que já se esqueceu disso há muito tempo.
Como se esse sentimento não fizesse parte do Ser Humano.
E justamente por isso andam tão Humanos, para o Nosso gosto e desgosto.
Mas, por favor, continuem caminhando nessa Estrada da Vida, como Vocês têm feito. Vocês não vão se arrepender, garantimos Todos Nós aqui.
Continuem confiando sempre, mesmo que às vezes esse sempre pareça tão longo e difícil para Vocês acreditarem.
Acho que não é pedir demais agora, depois de Tudo que já passamos juntos.
AMAMOS VOCÊS MUITO, e SEMPRE AMAREMOS.
E prometemos que esse Amor também vai SER vivido com a mesma intensidade e na Horizontal, entre Pessoas como Vocês e com Vocês.
Fiquem com Deus e em Paz, como vocês merecem.

Erica e todos

★

Tem momento para Tudo na Vida. Alguns em que a ESPERA se faz necessária para se ver o que acontece adiante. Quais os caminhos se abrem adiante, para termos a certeza de que tomamos o rumo certo. Não se precipite agora. É um momento crucial na Vida de Vocês, não tomem decisões que possam se arrepender logo depois. A vida está tomando seu Rumo e não tem como mudar o curso dela. A Vida é como um Rio, ela continua sempre seguindo em frente. Sendo que tem momentos em que as águas se deparam com obstáculos que custam mais a ceder. Este é o momento em que Vocês se encontram, não queiram se precipitar. Todo momento tem a hora exata para se tornar outro momento, ou melhor, se transformar em outra vivência e outra situação, mesmo que muitas vezes as situações possam parecer as mesmas. Mas não são. Tudo se transforma nessa Vida e mesmo que as pessoas sejam as mesmas deem tempo para que elas assimilem o aprendizado e possam seguir em frente de Forma Nova e Inteira.

Não queiram viver pela metade, quando se pode viver o TODO. Tenham paciência, falta pouco. Acreditem. O que é para SER, SERÁ.
E prometemos que será o Melhor.
Podem confiar.
Vocês realmente nasceram para Serem Felizes, Garantimos.
Fiquem conosco Sempre e em Paz.

Erica e Todos os outros

★

Quando não se vê saída, a melhor alternativa é ESPERAR e AGUARDAR os acontecimentos.
Não se precipite, ou melhor, não queira que Tudo se resolva de uma hora para outra, quando o que se tem que resolver já está a tanto tempo guardado no peito.
Não espere que SUA VIDA mude de repente, como tem sido no PASSADO.
O Passado foi e é para Você aprender a VIVER O PRESENTE DA MELHOR FORMA. E não continuar TUDO como antes.
Faz parte do seu aprendizado tirar tudo do controle, para que você possa realmente se PERCEBER no seu MELHOR.
Você está muito acostumada a seguir adiante, mesmo quando o tempo e/ou a situação te peçam para parar.
Agora Você está sem opção. Pare (a cabeça) e se escute (o coração).
Que tal experimentar dessa Forma agora, para Ser um pouco diferente do que tem sido sempre?
Você pediu que falássemos de forma Clara, e aí está.
Não pense Você que sua cabeça sabe TUDO, porque não é verdade, e, além do mais, SABER são "coisas" do coração.

Estamos com Você o Tempo Todo e também com seus filhos, fique Tranquila.
Tudo vai se ajeitar mais rápido do que você imagina.
Apesar do seu querer ser agora. Tenha paciência.
Invista em você. Você vale a pena, e muito!
Fiquem em paz e com Deus.

Erica e outros

★

Quando o recomeço é tão Claro assim,
é sempre bom parar e olhar todas as NUANCES,
para não haver DÚVIDA do que realmente se quer viver e
do que realmente lhe cabe viver como parte real da sua vida.
O momento é de OLHAR para frente como se estivesse
com o Horizonte aberto e à sua disposição.
O mundo é seu e está aí diante de você para "SER" vivido
por completo.
Não perca nenhum detalhe dessa maravilha, que está
apenas começando para você.
Siga sempre em frente e não OLHE para trás.

Erica e outros

★

Quando se tem tempo para TUDO e O TUDO acontece de forma rápida e clara, não nos cabe muito dizer coisas e sim parabenizar.
Por tantas mudanças internas e externas que vêm acontecendo ultimamente.
Vocês e Nós, é claro, Somos Grandes figuras e pessoas, que não mudamos pelo simples PRAZER de mudar, mas sim porque o PRAZER faz parte da Vida e de cada um de Nós.
É um prazer conviver com vocês, viver através de vocês muitas vezes. Vocês aprendem rápido, e nos sentimos gratificados por isso. Vocês valem a pena.
Nós aqui estamos felizes e continuamos sempre com Vocês.
Nos chamem mais e com maior frequência, porque partilhar com Vocês é sempre um PRAZER.
(esta vai "SER" uma palavra muito presente daqui para diante se preparem).

Fiquem com Deus.

Erica

★

Quando tudo já foi dito várias vezes, fica difícil repetir. É o mesmo que bater na mesma tecla de um piano. Fica repetitivo.

Pare de se torturar e ficar pensando em besteiras.

A sua vida é sua, e somente sua, pare de ficar colocando caraminholas na cabeça e se encher de falsos males ou, melhor dizendo, "dores".

Não que não acreditemos no que sente, mas só que você exagera na intensidade da dor.

Relaxe e deixe a vida te levar um pouco, para fazer diferente dessa vez.

Não pense tanto, não vale a pena.

O que vale a pena é você estar bem e com pessoas que te amam realmente. Você está precisando reabastecer e recarregar as baterias. Não tenha pressa em ir quando o seu coração se sente em "casa", e realmente ele está. Fique em paz e com Deus.

Erica e outros

★

Quando tudo fica difícil, parece que não tem saída.
PARE, RECOLHA e se PROTEJA, para não se machucar mais.
Agora Tudo está chegando ao fim, fim do aprendizado.
Nós já dissemos que é necessário passar pelo aprendizado para depois vivenciar os frutos e compartilhá-los com outros, que muitas vezes não precisarão passar por esse aprendizado tão doído.
Mas aguente firme, que está acabando, agora no seu tempo.
O tempo de desfrute está para acontecer. Fique tranquila, que nós não vamos deixar que o sofrimento passe da conta.
Nada tem a necessidade de passar da conta. Afinal de contas, o limite existe é para evitar isso, principalmente o sofrimento.
Não se esqueça da Gente, estamos sempre com Você.
Nós não te esquecemos, pode ter certeza.
Venha conversar mais, partilhar ajuda sempre.
Conte conosco, não brigue conosco.
Estamos Aqui, Sempre.
Que Deus te abençoe e te ilumine sempre.

Erica

★

Como é bom estar de volta depois de um longo e tenebroso inverno (nada como o velho humor).
Estamos realmente satisfeitos de ver e sentir que você voltou, e por inteira, para cobrar o que lhe prometemos, e com toda razão, razão agora que está no seu devido lugar.
E que o coração cresça cada vez mais, para viver o que tem direito, por ter lutado tanto e tantas vezes sem parar e sem perder a força.
Grande menina, estamos orgulhosos de você, realmente, e sua cobrança é "justa", como tem sido a sua vida.
Não se preocupe, deite e descanse em paz, que Tudo, mas Tudo mesmo, vai dar certo no final.
Até que nosso tempo não demorou tanto assim, você é que não tinha muita paciência para esperar, mas acabou aprendendo.
E você vai ver que valeu a pena!

Erica e os seus

P.S.: Diga a ela que está ao seu lado, que estamos tomando conta dela também. Que o que ela sente realmente, de "coração", também será realizado, ela pode ter certeza. Ela é muito querida por Todos Nós.

Fiquem com Deus e abençoadas.

★

Quando começamos a pensar de Tudo e por Tudo, nos perdemos no meio de Tudo.
Não se deixem levar pelos fatos internos e externos da vida.
Apenas sigam a vida como ela deve "SER" seguida. Sem NORMAS e sem lemas.
Não se percam no meio dela. Vocês estão apenas começando, apesar de algumas vezes parecer que já viveram tanto e tantas experiências.
A Vida de Vocês está no começo, e no melhor começo, podem acreditar.
Estamos com vocês sempre.
Diga a ela que é apenas um "Momento" de Vida, ou mais um, mas que sempre levará para o melhor, com certeza, pode acreditar, mas com o coração e não com a cabeça, por favor (cabeça já chega, vocês já usaram demais). Deixe agora o coração alcançar a cabeça, que já está bem desenvolvida e que não levou pouco tempo para chegar onde está.
Não queiram agora apressar o ritmo do Coração, ele pode parecer mais lento, mas é constante e para sempre.
Fique com Deus e com Amor, que é o TEMA CENTRAL.
Conte conosco, estamos sempre com você e com todos que estão ao seu lado.

Erica

★

Como é bom estar de novo à origem, juntas. Unidas, e sempre de forma tão inteira e aberta. Só realmente brindando com grande felicidade para "ser" expressa toda a Nossa Alegria, Grande Alegria.

Os Nossos Encontros sempre vão Ser Belos, proveitosos e preenchedores como sempre foram, para não perdermos o costume.

Mas vamos agora deixar de lado as comemorações e falarmos de coisas "sérias".

Vocês estão, como sempre, Nos orgulhando muito, e querendo sempre compreender o que nem Nós às vezes sabemos explicar.

O que podemos dizer é que Tudo está no seu (ou nosso) melhor caminho. Vocês vão chegar onde sempre quiseram chegar. Na Realização Máxima do Ser como Pessoa, Ser Humano e Mulher.

Prometemos que a Vocês daremos "Tudo" que há de Direito de um Único Ser Humano alcançar.

E vocês são seres de Qualidade ímpar, em que esse Tudo será completamente Pleno e Realizado, não só por direito, mas também por Merecimento.
Só Vocês conhecerão o que de melhor um Ser Humano jamais vivenciou (e, é claro, Todos que com vocês estiverem).
Continuem conosco Sempre e para sempre.
Fiquem com Deus e abençoadas.

Erica e Frederic

★

Que encontro lindo! Nada como o preto no branco e o branco no preto, para que no contraste nasça toda a sutileza e delicadeza do NOVO, a partir do encontro.
A vida é feita de encontros, apesar de na maioria das vezes vocês acharem que são apenas desencontros. Mal sabem vocês (ou fingem que não sabem) que são a partir desses desencontros que Grandes Encontros acontecem.
Vocês estão aí de prova, para não haver dúvidas. E com certeza continuarão através de muito "tempo" se encontrando e se conhecendo nas NUANCES dos contrastes "desse profundo encontro", que para Nós só traz Alegria e Amor.
Continuem juntos sempre, que no mais TUDO é Possível.
Fiquem conosco e com vocês sempre.

Erica

★

É uma GRANDE SATISFAÇÃO SABER que realmente tudo foi compreendido e largado para trás. Como o PASSADO PRESENTE que ficava martelando na Cabeça, ou Melhor, no Coração de Vocês.
Agora Vocês começaram a não só compreender, mas também a (com)viver com a REALIDADE DA VIDA.
O "PRAZER" em todos os sentidos da palavra, e em todos os contextos da VIDA, é "SIMPLESMENTE" FUNDAMENTAL.
Não deixem nunca de vivê-lo e senti-lo, como hoje.
E não deixe nunca que "QUEM" não tinha o costume de usar essa "simples" palavrinha na Vida perca este encontro com ela.

Fiquem Abençoadas e com Deus.

Erica, Frederic e outros.

P.S.: confiar às vezes é difícil,
principalmente quando não se vê.
Mas valeu a pena a confiança.

Agradecemos!

★

É com GRANDE PRAZER que "estamos" aqui hoje reunidos para comemorar a Vitória de Realmente ter dado a volta por cima, levantado, sacudido "toda" a poeira do caminho e Finalmente Resgatado a Beleza de SER.

Ser Plena, Satisfeita, Ousada e Graciosa MULHER que Você Realmente é.

Que alegria poder participar de tão importante encontro.

O Ser e o Humano em um só, e por inteiro.

Ser humano, Ser Mulher, Ser Tudo o que Quer, e a certeza de TER o direito de ser o que é.

Agora, sim, as águas vão rolar com toda a fluidez que é capaz, e o encontro vai jorrar como Fonte de Prazer no Mar. Não ache que é piegas ou Frescura AMAR, faz parte da Vida, da sua vida, que está apenas começando. E viva o MELHOR de ser MULHER.

Em Paz e com Deus sempre.

Estamos sempre aqui, apesar de muitos não terem a certeza que você tem.

Erica e todos nós

★

Estamos aqui presentes, reunidos TODOS Juntos e Felizes, para renovar a sua Energia e a Dela, Claro, que vocês merecem como sempre o Prazer da Alegria e do Encontro consigo e conosco, Neste Momento que Todos Nós Estamos Juntos para Sempre e Sempre continuaremos aqui.
Não ULTRAPASSE o seu limite NUNCA.
Você não merece, nem por Você nem por Nós.
Vocês são muito importantes para Nós. E precisamos de Você Aí, na terra. Não faça nada contra Você, pois Você merece SER Feliz Aí, e Você é importante para Nós Aí na terra, nesse mundinho de Deus, com os Seres Humanos, para ampliarem ainda mais o número de Seres Humanos que têm a qualidade de Vocês.
Obrigado pelo Encontro depois de tanto tempo.
Como sempre, Grandes Encontros.
Fiquem com Deus e Contem Conosco Sempre.
Vocês Aí e Nós Aqui, OK?
EM PAZ!
Até a próxima!

Erica e todos nós

[1ª Edição 2019]
Este livro foi composto em Bembo
e impresso em papel Pólen Bold 90g/m²
para a Quixote + Do Editoras Associadas

FSC www.fsc.org MISTO Papel proveniente de fontes responsáveis FSC® C092828

PRINTED WITH SOY INK®